MW00398393

WATCHMAN NEE

MENSAJES PARA CREYENTES NUEVOS

LA BÚSQUEDA DE LA VOLUNTAD DE DIOS

17

Living Stream Ministry
Anaheim, California

Primera edición: marzo de 1998.

ISBN 0-7363-0135-6

Traducido del inglés
Título original: *Seeking God's Will*
(Spanish Translation)

Publicado por

Living Stream Ministry
2431 W. La Palma Ave., Anaheim, CA 92804 U.S.A.
P. O. Box 2121, Anaheim, CA 92814 U.S.A.

Impreso en los Estados Unidos de América

03 04 05 / 9 8 7 6 5 4

LA BUSQUEDA DE LA VOLUNTAD DE DIOS

Lectura bíblica: Jn. 7:17; Mt. 10:29-31; 18:15-20; Ro. 8:14; Sal. 119:105; 1 Jn. 2:27

I. LA NECESIDAD DE OBEDECER LA VOLUNTAD DE DIOS

Antes de ser salvos, todo lo hacíamos según nuestra propia voluntad. En aquel entonces nos servíamos a nosotros mismos y todo lo hacíamos para complacernos. Estábamos dispuestos a hacer cualquier cosa que nos alegrara o nos trajera esparcimiento. Pero ahora creemos en el Señor y hemos aceptado a Cristo Jesús como nuestro Salvador. Lo hemos reconocido como nuestro Amo y a El servimos. Reconocimos que El nos redimió. Le pertenecemos a El y el motivo de nuestra existencia es servirlo. Por esta razón necesitamos un cambio fundamental. No debemos seguir viviendo según nuestras preferencias; tenemos que conducirnos según la voluntad de Dios. Cuando creemos en el Señor, cambia el centro de nuestra vida. El centro ya no somos nosotros, sino el Señor. Lo primero que debemos hacer después de ser salvos es preguntar: "¿Qué haré, Señor?" Esta fue la pregunta que Pablo hizo en Hechos 22:10, y nosotros también debemos hacerla. Cuando afrontemos cualquier adversidad, debemos decir: "Señor, no sea como yo quiero, sino como Tú quieres".

La vida que poseemos tiene un requisito básico: andar conforme a la voluntad de Dios. Cuanto más obedezcamos la voluntad de Dios, más gozo tendremos. Cuanto más nos neguemos a nuestra propia voluntad, más recto será nuestro camino delante de Dios. Si andamos conforme a nuestra voluntad como solíamos, no estaremos contentos, sino que sufriremos. Después de ser salvos, cuanto más vivamos según nuestra propia voluntad, más sufrimiento tendremos y menos gozo. Pero cuanto más vivamos según la nueva vida y más obedezcamos a la voluntad de Dios, más gozo y paz tendremos. Este es un cambio maravilloso. No debemos pensar que seremos felices si andamos conforme a nuestra propia voluntad. Cuando creemos en el Señor, al aprender a someternos y a obedecer la voluntad de Dios, no al andar según nuestra voluntad, encontraremos nuestro camino lleno de gozo y paz. El gozo del creyente depende de su obediencia a la voluntad de Dios, no de conducirse según su propia voluntad.

Una vez que llegamos a ser creyentes, tenemos que aceptar la voluntad de Dios y ser gobernados por ella. Si uno puede someterse humildemente a la voluntad de Dios, se evitará muchos desvíos innecesarios. Muchos fracasan y dejan de crecer en vida, porque viven por su propia voluntad. El resultado de conducirnos según nuestra propia voluntad es tristeza y pobreza. De una u otra forma, a la postre tendremos que andar conforme a la voluntad de Dios. Dios nos subyugará por medio de las circunstancias. Si Dios no nos ha escogido, nos permitirá andar como nos plazca. Pero puesto que nos escogió, nos conducirá en el camino de la obediencia de acuerdo a Su camino. La desobediencia sólo nos costará desvíos innecesarios. De todos modos, al final, tendremos que obedecer.

II. COMO CONOCER LA VOLUNTAD DE DIOS

Nos preguntamos cómo podemos conocer la voluntad de Dios. Con frecuencia pensamos que nosotros simples seres mortales nunca podríamos llegar a entender la voluntad de Dios. Sin embargo, debemos tener presente que nosotros no somos los únicos que deseamos obedecer la voluntad de Dios, pues Dios mismo también desea que obedezcamos Su voluntad; así que El también desea que sepamos cuál es Su voluntad. Puesto que El desea que le obedezcamos, primero debe darnos a conocer Su voluntad. Por lo tanto, a Dios le corresponde revelarnos Su voluntad. Ninguno de los hijos de Dios debería preocuparse y decir: "Si no sé cuál es la voluntad de Dios, ¿cómo podré obedecerla?" Esta preocupación es innecesaria porque Dios siempre tiene una manera de darnos a conocer Su voluntad (He. 13:21). Tenemos que creer que Dios siempre nos mostrará Su voluntad por los medios apropiados. El debe decirnos cuál es Su voluntad. Si somos sumisos en actitud e intención, no hay duda de que conoceremos Su voluntad. Debemos tener la plena certeza de que Dios anhela revelar Su voluntad al hombre.

¿Cómo se puede conocer la voluntad de Dios? El creyente debe prestar atención a tres cosas a fin de conocer la voluntad de Dios. Podremos estar plenamente convencidos de cuál es la voluntad de Dios si estas cosas concuerdan: (1) las circunstancias, (2) la dirección del Espíritu Santo y (3) las Escrituras. Este no es ni el orden de importancia ni la sucesión cronológica; no tienen que darse necesariamente en ese orden. El hecho es que estas tres cosas nos ayudan a conocer la voluntad de Dios. Cuando los testimonios de estas tres cosas concuerdan, podemos tener la certeza de que nos señalan la voluntad de Dios. Si una de estas tres cosas no está de acuerdo con las otras dos, debemos esperar hasta que concuerden antes de proceder.

A. Las circunstancias

Lucas 12:6 dice: "¿No se venden cinco pajarillos por dos asariones?" Mateo 10:29 dice: "¿No se venden dos pajarillos por un asarión?" Si con un asarión se pueden comprar dos pajarillos, uno pensaría que con dos asariones se pueden comprar cuatro, pero el Señor dijo que con dos asariones se podían comprar cinco pajarillos. Con dos asariones se compran dos pajarillos y además se recibe uno gratis. A pesar de lo baratos que son, no cae a tierra uno solo de ellos si Dios no lo permite. Sin el consentimiento de Dios, ningún pajarillo puede caer a tierra. Esto muestra claramente que nada sucede sin el permiso de Dios. Si nuestro Padre celestial no lo permite, ni siquiera un pajarillo caerá a tierra.

Cuán difícil es contar los cabellos de una persona. Sin embargo, el Señor dijo: "Pues aun los cabellos de vuestra cabeza, están todos contados" (Mt. 10:30). Nadie sabe cuántos cabellos tiene, ni tendría forma de contarlos, pero Dios los tiene todos contados. ¡Dios es muy detallista y muy exacto!

Si Dios se ocupa de una criatura aparentemente tan insignificante como un pajarillo, ¡cuánto más cuidará de Sus propios hijos! Si Dios cuida de algo tan ínfimo como nuestro cabello, ¡cuánto más cuidará de cosas mayores! Desde que creemos en el Señor, necesitamos aprender a reconocer Su voluntad en las circunstancias, pues nada nos sucede por casualidad. Todo es medido por el Señor. La carrera, el cónyuge, los padres, los hijos, los parientes y los amigos que tenemos, todo ello ha sido dispuesto por Dios. Detrás de todo lo que nos sucede cada día, está la mano providencial de Dios. Por consiguiente, necesitamos aprender a detectar la voluntad de Dios en las circunstancias. Puede ser que una persona que recién se convierte no tenga mucha experiencia en seguir la guía del Espíritu, ni conozca mucho de las enseñanzas de las Escrituras, pero por lo menos puede ver la mano de Dios en las circunstancias. Esta es una lección básica que debe aprender el creyente.

Leemos en Salmos 32:9: "No seáis como el caballo, o como el mulo sin entendimiento, que han de ser sujetados con cabestro y con freno, porque si no, no se acercan a ti". En muchas ocasiones, cuando nos comportamos como un caballo o un mulo, sin entendimiento, Dios tiene que sujetarnos con cabestro y freno para evitar que cometamos errores. ¿Alguna vez han visto a un criador de patos? Tiene un palo largo en su mano. Cuando los patos comienzan a salirse a la derecha o a la izquierda, los vuelve a juntar con su palo. Los patos no tienen otra alternativa que seguir por el camino indicado. De la misma forma tal vez nos encomendemos al Señor, diciendo: "Señor, verdaderamente soy como un caballo y como un mulo, pues carezco de entendimiento. Pero no quiero cometer errores; deseo conocer Tu voluntad. Por favor, sujétame con Tu cabestro y detenme con tu freno. Si me sueltas, me iré por el camino errado. Por favor, guárdame con Tu voluntad y guíame a Tu voluntad. Si me desvío, por favor detenme. No sé muchas cosas, pero sí sé lo que es el dolor. Cada vez que rechace Tu voluntad, ¡por favor deténme!" Hermanos y hermanas, nunca debemos tener en poco lo que Dios ha dispuesto a nuestro alrededor. Aunque hayamos caído en vergüenza, y hayamos venido a ser como un caballo o un mulo, casi siempre podremos contar con la misericordia de Dios para ponernos el freno a tiempo. Dios usa el ambiente para impedirnos cometer errores. El nos obliga a que no tengamos otra alternativa que seguirlo a El.

B. La guía del Espíritu Santo

Podemos ver la mano de Dios en las situaciones que nos rodean. Pero El no se complace en guiarnos como caballos o mulos obstinados. El desea guiarnos desde nuestro interior. Romanos 8:14 dice: "Porque todos los que son guiados por el Espíritu de Dios, éstos son hijos de Dios". Somos hijos de Dios y Su vida está en nosotros. Dios no sólo nos dirige en medio de las circunstancias, sino que también nos habla y nos guía desde nuestro interior por Su Espíritu. Puesto que el Espíritu mora en nuestro interior, desde allí nos revela la voluntad de Dios.

El libro de Ezequiel nos dice que Dios nos dará un corazón nuevo y un espíritu nuevo (11:19). Y añade más adelante: "Pondré espíritu nuevo dentro de vosotros ... Y pondré dentro de vosotros mi Espíritu" (36:26-27). Debemos distinguir entre "un espíritu nuevo" y "mi Espíritu". "Mi Espíritu" se refiere al Espíritu de Dios, mientras que "un espíritu nuevo", se refiere a nuestro espíritu regenerado, el cual es como un templo, un hogar en donde mora el Espíritu de Dios. Si no tuviésemos un espíritu nuevo dentro de nosotros, Dios no nos habría dado Su Espíritu, y éste no habría venido a morar en nuestro ser. A lo largo de los tiempos Dios ha dado Su Espíritu al hombre. Sin embargo, el espíritu humano, por haberse corrompido, vino a ser gobernado por el pecado, se llenó de muerte y vino a ser parte de la vieja creación. Era imposible que el Espíritu de Dios morara en el hombre, aunque tal fuera Su deseo. El hombre necesita recibir un espíritu nuevo por medio de la regeneración, a fin de estar en la posición de recibir el Espíritu de Dios y de que Dios pueda morar en él.

Cuando el creyente recibe un espíritu nuevo, el Espíritu de Dios viene a morar en él y le comunica la voluntad de Dios; espontáneamente el creyente experimenta un sentir interior. No sólo discierne la provisión de Dios en sus circunstancias, sino que también posee conocimiento y certeza interior. No sólo debemos aprender a confiar en la providencia de Dios que controla nuestro alrededor, sino también en la dirección interior del Espíritu Santo. En el momento preciso en que surja una necesidad, el Espíritu de Dios nos iluminará interiormente. Nos dará un sentir y nos mostrará qué es de Dios y qué no.

Cierta persona antes de llegar a ser creyente tomaba bastante licor. En el invierno hasta hacía su propio vino. El no tenía mucha educación y no sabía leer bien, lo cual le era un impedimento para que leyera la Biblia con propiedad. Un día preparó un poco de comida y algo de vino, y se dispuso a tomar como de costumbre. Después de darle gracias al Señor por los alimentos, le preguntó a su esposa: "¿Puede tomar vino un creyente?" Su esposa le dijo que ella no sabía. El agregó: "Es una lástima no tener a quién preguntarle". Su esposa le respondió: "El vino y la comida están listos. Comamos hoy, y luego averiguaremos". Una vez más dio gracias, pero sintió interiormente que algo no estaba bien. Pensó que, como cristiano, debería averiguar si los hijos de Dios pueden tomar vino. Le dijo a su esposa que sacara la Biblia, pero no sabía dónde buscar ni sabía qué hacer. Más adelante, conoció a alguien y le mencionó el incidente. Su amigo le preguntó si había tomado vino ese día, y él respondió: "No tomé, porque aquel que mora dentro de mí no me lo permitió".

Si uno desea obedecer la voluntad de Dios, descubrirá cuál es esta voluntad. Sólo aquellos que son insensibles a su sentir interior permanecerán en tinieblas. Si tenemos la intención de obedecer la voluntad de Dios, aquel que mora en nuestro interior nos guiará. El habitante de nuestro interior al que se refería nuestro hermano es en realidad el Espíritu Santo. Cuando una persona cree en el Señor, el Espíritu Santo viene a morar en él, guía al creyente y llega a ser su Amo. Dios revela Su voluntad no sólo por medio de las situaciones que nos rodean, sino también por medio del huésped que mora en nosotros.

Existen dos clases de indicaciones que el Señor da. La primera es un sentir bastante definido, como en Hechos 8:29 cuando "el Espíritu dijo a Felipe: Acércate y júntate a ese carro", y en Hechos 10:19-20, cuando el Espíritu Santo le dijo a Pedro: "Levántate, baja y vete con ellos sin dudar". Estas son indicaciones interiores explícitas. La segunda clase de indicación es una restricción interior como la que se menciona en Hechos 16:6-7: "Habiéndoles prohibido el Espíritu Santo hablar la palabra en Asia; y cuando hubieron llegado a Misia, intentaron entrar en Bitinia, pero el Espíritu de Jesús no se lo permitió". Esta es la restricción interior. Al experimentar que aquel huésped mora en nuestro interior hallamos todo tipo de restricción.

El creyente debe tener presente este sentir que brota en su interior si desea conocer la voluntad de Dios. Puesto que el Espíritu de Dios mora en el interior del hombre, el sentir del Espíritu no es algo superficial ni exterior; brota de lo más recóndito del ser. Es semejante a una voz o a un sentimiento. El Espíritu de Dios que está en nuestro interior nos muestra si algo concuerda con Su voluntad. Puesto que tenemos la vida divina, nos sentiremos bien cuando actuemos conforme a esta vida, y nos sentiremos terriblemente mal si desobedecemos y nos desviamos aunque sea sólo un poco de esta vida. El creyente debe vivir rendido a esta vida. No debemos hacer nada que nos quite la paz interior. Cuando nos sintamos intranquilos, tengamos presente que el Espíritu, en nuestro interior, está descontento y afligido por lo que estamos haciendo. Si hacemos algo contrario al Señor, no tendremos paz interior. A medida que avancemos, tendremos menos paz y menos gozo. Si algo procede del Señor, espontáneamente tendremos paz y gozo.

En todo caso, no tenemos que analizar demasiado lo que sentimos interiormente, pues nos confundiremos. Algunos siguen preguntándose cuál es el deseo del Espíritu y cuál es el sentir del alma. Siempre analizan si algo es correcto o incorrecto. Esto no es nada saludable; de hecho, es una enfermedad espiritual. Es muy difícil hacer volver al camino recto a una persona analítica. Espero que ustedes puedan mantenerse alejados de esa trampa. Uno se ve forzado a analizar solamente cuando no tiene suficiente luz, pues si la tuviera, todo le sería claro, y no tendría que desperdiciar su energía. Si una persona trata de obedecer sinceramente al Señor, podrá percibir fácilmente la dirección que recibe interiormente.

C. Las enseñanzas de las Escrituras

La voluntad de Dios no sólo se revela en las circunstancias y se da a conocer por medio del Espíritu interiormente, sino también en la Biblia.

La voluntad de Dios nunca cambia. Su voluntad se reveló en diferentes experiencias de los hombres de antaño, y todas estas cosas han quedado asentadas en la Biblia. La voluntad de Dios se revela en la Biblia en forma de principios y ejemplos. Para conocer la voluntad de Dios, debemos estudiar la Biblia cuidadosamente. La Biblia no es un libro de simples narraciones, sino que está llena de riquezas. La voluntad de Dios se revela plenamente en las Escrituras. Sólo debemos hallar lo que Dios dijo en el pasado, para saber cuál es Su voluntad hoy. La voluntad de Dios jamás varía. En Cristo sólo hay un sí (2 Co. 1:19). La voluntad de Dios para con nosotros jamás contradice lo que enseña la Biblia. El Espíritu Santo nunca nos conducirá a hacer algo que El haya condenado en la Biblia.

La palabra de Dios es lámpara a nuestros pies y lumbrera a nuestro camino (Sal. 119:105). Si deseamos entender la voluntad de Dios y su dirección para nosotros, debemos estudiar la Biblia seria y cuidadosamente.

Dios nos habla por medio de la Biblia de dos maneras: mediante la enseñanza de principios bíblicos, y mediante las promesas que constan en la Biblia. Necesitamos la iluminación del Espíritu Santo para entender los principios bíblicos, y necesitamos la guía del Espíritu para recibir las promesas de la Biblia. Por ejemplo, el Espíritu puede hablarnos mediante el mandamiento que da el Señor en Mateo 28:19-20 de que todos los creyentes deben predicar el evangelio. Esta enseñanza es un principio bíblico. Sin embargo, si es la voluntad de Dios que usted vaya a cierto lugar a predicar el evangelio depende de la dirección del Espíritu. Debe orar mucho y pedirle a Dios una indicación específica. Cuando el Espíritu pone cierta frase o versículo en su interior de una manera clara, renovada y viva, tiene una promesa del Espíritu. Es así como se puede identificar la voluntad de Dios.

Algunos creyentes usan métodos supersticiosos para buscar la voluntad de Dios. Abren la Biblia y oran: "Oh Dios, por favor lleva mi dedo al versículo que me revele ˀˀ˗ tad". Después de orar con los ojos cerrados, abren l   y señalan cualquier pasaje. Luego abren los ojos y   sículo que tengan en frente como la voluntad de Di   s creyentes, por ser aún infantiles, tratan de conocer a Dios de esta forma. Debido a su desesperación, es posible que Dios se acomode a su ignorancia y les muestre el camino. Pero tengamos presente que ésta no es definitivamente la debida manera de hallar la voluntad de Dios. En la mayoría de los casos no funciona; pero de todos modos es un camino peligroso, pues deja un amplio margen para que se cometa errores. Hermanos y hermanas, recuerden que tenemos la vida divina y que el Espíritu de Dios mora en nosotros. Debemos pedirle a Dios que nos revele Su palabra por medio del Espíritu Santo. Debemos estudiar la Biblia de una manera concienzuda y coherente, y memorizarla. Cuando surja una necesidad, el Espíritu Santo usará los pasajes que hayamos leído para hablarnos y guiarnos.

Combinemos ahora las tres cosas que hemos mencionado. No es necesario que se den en cierto orden. A veces las circunstancias se nos presentan primero, y luego recibimos instrucciones del Espíritu y de la Biblia. En otras ocasiones la dirección del Espíritu y las enseñanzas de la Biblia vienen primero, y después llega la confirmación del ambiente. El ambiente se relaciona principalmente con el momento que Dios dispuso. Cuando el hermano Jorge Müller buscaba la voluntad de Dios, siempre se hacía tres preguntas: (1) ¿Es esto obra de Dios? (2) ¿Soy yo la persona que debe realizar esta obra? (3) ¿Es éste el momento que Dios determinó para que dicha obra se realice? La primera pregunta y la segunda pueden resolverse por la enseñanza de la Biblia y la guía del Espíritu. La tercera pregunta se resuelve por lo que se dé en las circunstancias.

Si deseamos estar seguros si el sentir interior es la dirección del Espíritu, debemos hacernos dos preguntas: (1) ¿Está de acuerdo este sentir con la Biblia? (2) ¿La situación que nos rodea confirma esta dirección? Si la indicación no concuerda con la Biblia, no puede ser la voluntad de Dios. Si las circunstancias no proporcionan ninguna confirmación, debemos esperar. Puede ser que nuestro sentir esté equivocado o que no sea el tiempo del Señor.

Al buscar la voluntad del Señor, debemos cultivar un temor sano de cometer errores. No debemos aferrarnos a un sentir personal. Podemos pedirle a Dios que bloquee los caminos que no concuerden con Su voluntad.

Supongamos que alguien lo invita a usted a predicar el evangelio, y usted tiene la intención de hacer otra cosa o alguien le ha aconsejado que examine su futuro. ¿Cómo puede saber que estas cosas concuerdan con la voluntad de Dios? Primero, usted debe examinar las enseñanzas de la Biblia, descubrir lo que Dios dijo en Su palabra sobre el asunto en cuestión. Entonces debe revisar su sentir interior. La Biblia enseña esto, ¿pero tiene usted paz interior al hacerlo? Si su sentir interior difiere del testimonio de la Biblia, esto demuestra que su sentir interior no es confiable y, por ende, debe seguir esperando y buscando la voluntad del Señor. Si su sentir interior concuerda con el testimonio de la Biblia, debe alzar su cabeza y decir: "Oh Dios, Tú siempre me has revelado Tu voluntad por medio de las circunstancias. Es imposible que mi sentir interior y la enseñanza de la Biblia estén señalando en una dirección, y mis circunstancias en otra. ¡Señor! Por favor, opera en mi alrededor y aparéjalo con la enseñanza de las Escrituras y la dirección del Espíritu". Usted verá que Dios le revelará Su voluntad mediante lo que lo rodea. No cae un pajarillo a tierra si no es la voluntad de Dios. Si lo que usted tiene en mira es la voluntad de Dios, lo que vea exteriormente se alineará con lo que usted vea interiormente y con lo que vea en la Biblia. Si su sentir interior, la enseñanza de la Biblia y las circunstancias están claros, entonces la voluntad de Dios lo estará para usted.

III. LA CONFIRMACION DE LA IGLESIA Y OTROS FACTORES

La voluntad de Dios además de revelarse en Su Palabra, en el espíritu del hombre y en las circunstancias, se revela también por medio de la iglesia. Al buscar la voluntad de Dios en cuanto a un cierto asunto, uno debe tener certeza en cuanto a la dirección del Espíritu, la enseñanza de la Escritura y lo que sucede a nuestro alrededor. Hasta donde sea posible, se debe buscar comunión con aquellos que conocen a Dios en la iglesia para descubrir si ellos dicen amén a la dirección que uno ha recibido. Esto proporcionará una confirmación adicional con respecto a la voluntad de Dios. Ellos conocen más la voluntad de Dios ya que su carne ha recibido más quebrantamiento y lo que es ser guiados por el Espíritu. Su condición espiritual le permite a Dios expresar por medio de ellos el sentir de Su corazón con menos obstáculos. Ellos examinan su condición en la iglesia y determinan si pueden decir amén a lo que usted ha visto. Si ellos dicen amén, uno puede estar seguro de que lo que ha visto es la voluntad de Dios. Si no tienen una respuesta afirmativa, es mejor esperar y buscar una dirección más clara. Como individuos estamos limitados. Un sentir interior, una comprensión de la Escritura y un conocimiento de las condiciones personales que lo rodean a uno, pueden estar equivocados; es posible que no sean muy exactos. En este sentido, la iglesia es mucho más confiable. Si los demás miembros de la iglesia creen que la dirección que uno ha recibido no es confiable, no debe insistir. No crea que la dirección individual es digna de fiar siempre. En tales casos debemos aprender a ser humildes.

Mateo 18 habla del principio que se aplica en la iglesia. Si un hermano peca contra otro, el hermano ofendido debe hablar a solas con el ofensor; si éste se rehusa a escuchar, debe tomar a uno o dos consigo para que por boca de dos o tres testigos conste todo asunto. Si el ofensor se niega a escuchar, se debe comunicar el asunto a la iglesia. Finalmente, el ofensor tiene que oír a la iglesia. Debemos aceptar lo que nos indique la iglesia. El Señor Jesús dijo: "Todo lo que atéis en la tierra, será atado en el cielo; y todo lo que desatéis en la tierra, será desatado en el cielo" (v. 18). Puesto que la iglesia es la morada de Dios y la fuente de Su luz, necesitamos creer que la voluntad de Dios se revela a la iglesia. Debemos humillarnos y temer a nuestro propio juicio. Es por esto que necesitamos tener comunión con la iglesia y recibir el suministro del Cuerpo.

La iglesia tiene una gran responsabilidad delante de Dios, pues tiene que actuar como luz de Dios. Si la iglesia es desatenta, o si actúa descuidadamente o según la carne, será imposible recibir la confirmación de la iglesia. La razón por la cual la iglesia puede proporcionar una confirmación divina y exacta es que ha llegado a ser el portavoz del Espíritu Santo. Esto le exige que sea espiritual y que permita que el Espíritu presida en ella. La confirmación de la iglesia no implica una discusión conjunta de todos los hermanos y hermanas en la iglesia. Significa hablar con un grupo de personas que conocen a Dios y que son guiadas por el Espíritu. Por esta razón, los ancianos que toman la responsabilidad de la iglesia, así como los que se han dado a la obra del Señor, deben tener cierto conocimiento de los asuntos espirituales. Su carne debe haber sido quebrantada hasta cierto grado. Deben estar alerta en todo tiempo y tener una comunión ininterrumpida con el Señor. Deben estar llenos de la presencia de Dios y vivir bajo la dirección del Espíritu Santo. Sólo así emitirán un juicio exacto, y sólo entonces el Espíritu dará una confirmación exacta por medio de ellos.

Algunos posiblemente citen Gálatas 1:16-17 que dice que cuando Pablo recibió una revelación, no consultó con carne y sangre, ni subió a Jerusalén a ver a los apóstoles que eran antes que él. Creen que es suficiente que únicamente ellos vean algo con claridad y que no es necesario tener comunión con la iglesia. Sin duda una persona con una revelación tan clara como la de Pablo, puede tener confianza en lo que ve. Pero, ¿ha recibido usted la revelación de la misma forma que Pablo? Aún Pablo recibió la ayuda del Señor y el suministro de otros hermanos. El vio una gran luz cuando iba camino a Damasco, cayó a tierra y escuchó que el Señor le dijo exclusivamente a él: "Levántate y entra en la ciudad, y se te dirá lo que debes hacer". El recibió la imposición de manos de un hermano no muy conocido llamado Ananías, y también los colaboradores de la iglesia de Antioquía le impusieron las manos y lo enviaron a la obra (Hch. 9: 3-6, 12; 13:1-3). Lo que escribió en Gálatas 1 demuestra que el evangelio que él anunciaba no era compatible con el hombre y que lo había recibido por revelación de Jesucristo (vs. 11-12). No encontramos ningún tono de jactancia en tales palabras. Debemos ser humildes y no ser difíciles de tratar. No debemos tener un concepto demasiado elevado de nosotros mismos. El hecho es que estamos muy por debajo de Pablo como para compararnos con él. Puesto que estamos involucrados en nuestros asuntos, estamos nublados por nuestro propio interés y preferencia al buscar la voluntad de Dios; así que nos es difícil ver las cosas claramente. En tales circunstancias es necesaria la intervención de la iglesia; ella nos puede abastecer y servir de mucha ayuda. Es por esto que debemos buscar la confirmación de la iglesia cuando tengamos necesidad.

Sin embargo, debemos evitar irnos al otro extremo. Algunos cristianos son demasiado pasivos. Todo lo consultan con la iglesia, queriendo que los demás tomen las decisiones por ellos. Esto está en contra del principio del Nuevo Testamento. No podemos tratar a un grupo de personas espirituales de la iglesia como si fueran los profetas del Antiguo Testamento, pidiéndoles consejo para todo. En 1 Juan 2:27 dice: "Y en cuanto a vosotros, la unción que vosotros recibisteis de El permanece en vosotros, y no tenéis necesidad de que nadie os enseñe; pero como Su unción os enseña todas las cosas..." Esta unción es el Espíritu que mora en nosotros. Nunca podemos reemplazar la enseñanza de la unción por la confirmación de la iglesia. La confirmación de la iglesia no debe ser considerada de la misma manera como se consideran las palabras de los profetas. Su propósito es el de confirmar lo que vemos para que estemos más seguros de la voluntad de Dios. Es más una protección que un substituto de la búsqueda personal e individual de la voluntad de Dios.

Debemos resaltar que este método de buscar la voluntad de Dios sólo debe aplicarse en asuntos importantes. En lo relacionado con asuntos triviales no necesitamos recurrir a todo esto. Podemos tomar decisiones basándonos en nuestro sentido común. Dios no nos ha despojado de nuestro juicio. El desea que usemos nuestro propio juicio en los asuntos que podemos resolver por nuestros medios. Por consiguiente, el método propuesto debe emplearse al buscar la voluntad de Dios en cuanto a asuntos importantes.

Al buscar la voluntad de Dios, no debemos caer en un estado anormal en donde ponemos la mente en blanco e imposibilitamos nuestra voluntad. Hebreos 5:14 habla de aquellos "que por la práctica tienen las facultades ejercitadas en el discernimiento del bien y del mal". Debemos usar tanto nuestra mente como nuestra voluntad. Nuestra voluntad debe estar del lado de Dios, y debemos colaborar con El. Es cierto que tenemos que hacer a un lado nuestra propia voluntad, pero es incorrecto anular la función de la mente y de la voluntad. Muchos confían en su intelecto y no en Dios, lo cual es un grave error. Pero otros piensan que confiar en Dios significa que no necesitan usar la mente, lo cual también es un grave error. Cuando Lucas escribió su evangelio, dijo que había "investigado con diligencia" (1:3). En Romanos 12:2 Pablo nos mandó que fuéramos transformados por medio de la renovación de nuestro entendimiento para que comprobásemos cuál fuese la voluntad de Dios. Al buscar la voluntad de Dios, necesitamos usar nuestra mente y nuestra voluntad. La mente y la voluntad tienen que ser transformadas y renovadas por el Espíritu Santo.

Mencionemos brevemente el asunto de las visiones y los sueños. En el Antiguo Testamento Dios revelaba Su voluntad al hombre por medio de visiones y sueños. En el Nuevo Testamento también hay visiones y sueños, pero Dios no los usa como medios esenciales para dar dirección. En el Nuevo Testamento el Espíritu de Dios mora en nosotros y nos habla directamente desde nuestro interior. El medio más importante y común para recibir guía específica es la dirección interior. Dios nos guiará por medio de sueños y visiones sólo cuando haya algo muy importante que decirnos, que de otra forma nos sería difícil aceptar en condiciones normales. En el Nuevo Testamento, las visiones y los sueños no son el medio usual en que Dios nos guía. Por tanto, aunque tengamos visiones y sueños, de todos modos necesitamos ser salvaguardados buscando la confirmación interior y la confirmación del medio ambiente. Por ejemplo, Hechos 10 nos muestra que Dios quería que Pedro les predicara el evangelio a los gentiles. Pedro, siendo judío, nunca iría a los gentiles pues se lo impedía su tradición. A fin de cambiarle este prejuicio, Dios tuvo que mostrarle una visión. Después de que Pedro tuvo la visión, Cornelio le envió tres hombres. Esta fue la confirmación de las circunstancias. También el Espíritu Santo le habló. Estas ratificaciones interiores y exteriores le dieron la convicción de que estaba actuando según la voluntad de Dios.

Hay casos en los que uno no tiene mucho tiempo para sopesar y esperar. En tales casos uno puede determinar la voluntad de Dios de manera inmediata si la visón o sueño es claro y obvio, y el sentir interior lo confirma; no es necesario esperar la confirmación de las circunstancias. Por ejemplo, Pablo tuvo un éxtasis mientras oraba en el templo. El vio que el Señor le hablaba y le ordenaba salir cuanto antes de Jerusalén. Al principio, argumentó con el Señor y trató de rehusarse. Pero el Señor volvió a hablarle: "Ve, porque Yo te enviaré lejos a los gentiles" (Hch. 22:17-21). Posteriormente, Pablo se encontró en una recia tormenta en alta mar y perdió toda esperanza de sobrevivir. Dios envió un ángel para que estuviera a su lado y le confortara, diciéndole que no temiera (27:23-34). Estas fueron visiones claras, pero no ocurren frecuentemente en el Nuevo Testamento. Dios revelaba cosas a Sus hijos en visiones y sueños sólo cuando había una necesidad especial. Algunos creyentes tienen continuamente lo que ellos llaman sueños y visiones. Esta es una especie de enfermedad espiritual. Puede provenir de algún desorden mental, de un ataque de Satanás o del engaño de espíritus malignos. Sea cual fuere la causa, es una situación anormal.

En conclusión, Dios guía a los hombres de muchas maneras. Todos diferimos en condición espiritual. Es por eso que Dios nos guía de diferentes maneras. Sin embargo, Su medio principal es lo que El dispone en nuestras circunstancias, la guía interior y las enseñanzas de la Biblia. Resaltemos de nuevo que cuando estas tres cosas señalan en la misma dirección, podemos confiar que tenemos la voluntad de Dios.

IV. LOS QUE SON APTOS
PARA CONOCER LA VOLUNTAD DE DIOS

Finalmente, aun después de tener todos los métodos correctos, no todos conocen la voluntad de Dios. Un método correcto es útil sólo cuando la persona también es correcta.

Cuando una persona no es recta, hasta los métodos acertados son inútiles. Es inútil que un hombre rebelde trate de conocer la voluntad de Dios. Si uno desea conocer la voluntad de Dios, debe tener un deseo profundo de llevarla a cabo.

Deuteronomio 15:17 relata el caso de el esclavo que se hace perforar la oreja contra la puerta de su amo, lo cual da a entender que para servir a Dios nuestros oídos tienen que escuchar Su palabra constantemente. Debemos acercarnos al Señor y decirle: "Estoy dispuesto a poner mi oreja contra la puerta, pues quiero inclinar mi oído a Tu palabra. Deseo servirte y hacer Tu voluntad. Te suplico de todo corazón que me permitas servirte. Te serviré porque Tú eres mi Amo. Tengo un vivo deseo en el corazón de ser Tu esclavo. Déjame oír Tu palabra y muéstrame Tu voluntad". Necesitamos acudir al Señor y suplicarle que nos dé Su palabra. Tenemos que inclinar nuestro oído y ponerlo a la puerta para que El lo perfore. Tenemos que esperar Su comisión y estar atentos a Su mandato.

Muchas veces mi corazón se duele porque hay muchas personas que utilizan todos los métodos posibles para conocer la voluntad de Dios, pero no tienen la intención de obedecerla. Se limitan a estudiar tales métodos a un nivel teórico, pero ya tienen sus propios deseos. Así que sólo toman a Dios como consejero y Su voluntad como un simple punto de referencia. Hermanos y hermanas, ¡la voluntad de Dios sólo es dada a conocer a quienes están determinados a obedecerla! "El que quiera hacer la voluntad de Dios, conocerá..." (Jn. 7:17). Para conocer la voluntad de Dios, debemos estar decididos a cumplirla. Si uno tiene un deseo intenso y absoluto de hacer la voluntad de Dios, Dios le dará a conocer Su voluntad aunque uno no tenga idea acerca de los métodos. Hallamos lo siguiente en la Biblia: "Porque los ojos de Jehová contemplan toda la tierra, para mostrar su poder a favor de los que tienen corazón perfecto para con El" (2 Cr. 16:9). La traducción literal de este versículo es: "Porque los ojos de Jehová contemplan toda la tierra, para mostrar su poder a favor de los que tienen un corazón completamente inclinado a El". Sus ojos escudriñan la tierra de extremo a extremo. Sus ojos no miran una sola vez, sino que observan continuamente para ver si el corazón de alguno busca Su voluntad. El aparecerá a aquel cuyo corazón esté totalmente inclinado a El. Si mi corazón está completamente inclinado hacia el Señor y digo: "Señor, deseo Tu voluntad; verdaderamente la deseo", Dios me mostrará Su voluntad. El no se abstendrá de revelármela; El se verá obligado a hacerlo. No debemos pensar que sólo aquellos que han creído en el Señor por mucho tiempo pueden entender Su voluntad. Esperamos que todos los creyentes ofrezcan todo lo que tienen desde el día que son salvos. Esto les abrirá el camino para entender la voluntad de Dios. No debemos creer que conocer la voluntad de Dios es trivial. A los ojos de Dios nosotros somos como insignificantes gusanos. ¡Es maravilloso que seres tan pequeños podamos conocer la voluntad de Dios! Espero que veamos que es glorioso conocer la voluntad de Dios. El hecho de que Dios se humille para dar a conocer Su voluntad al hombre, debe motivarnos a procurar conocer cuál es Su voluntad y debe hacer que la valoremos, la estimemos y la cumplamos.